MAIS LEVE QUE O AR
A infância de Alberto Santos Dumont

© 2019 - Estêvão Ciavatta
Direitos em língua portuguesa para o Brasil:
Matrix Editora
www.matrixeditora.com.br

Diretor editorial
Paulo Tadeu

Consultoria editorial
Susana Ventura

Capa, projeto gráfico e diagramação
Allan Martini Colombo

Ilustrações
Félix Reiners

Revisão
Adriana Wrege
Silvia Parollo

CIP-BRASIL - CATALOGAÇÃO NA PUBLICAÇÃO
SINDICATO NACIONAL DOS EDITORES DE LIVROS, RJ

Ciavatta, Estêvão
Mais leve que o ar / Estêvão Ciavatta; ilustração Félix Reiners. - 1. ed. - São Paulo: Matrix, 2019.
56 p. : il. ; 23 cm.

ISBN 978-85-8230-572-0

1. Ficção. 2. Literatura infantil brasileira. I. Reiners, Félix. II. Título.X

19-58900   CDD: 808.899282
                                                           CDU: 82-93(81)

Meri Gleice Rodrigues de Souza - Bibliotecária CRB-7/6439

Ao meu avô José Ciavatta e
a minha mãe Maria Ciavatta,
que nasceram e passaram a infância
na fazenda descrita nesta obra.
Ao meu filho Roque Ciavatta,
que me inspira a voar alto
nos meus trabalhos.

Agradecimento especial a Patrícia Casé
e Regina Casé, que me ajudaram
a tornar este sonho possível.

Vivi ali uma vida livre, indispensável para formar o temperamento e o gosto pela aventura. Desde a infância eu tinha uma grande queda por coisas mecânicas e, como todos os que possuem ou pensam possuir uma vocação, eu cultivava a minha com cuidado e paixão. Eu sempre brincava de imaginar e construir pequenos engenhos mecânicos, que me distraíam e me valiam grande consideração na família. Minha maior alegria era me ocupar das instalações mecânicas de meu pai. Esse era o meu departamento, o que me deixava muito orgulhoso.

REICHEL, Frantz. *Notre interview de Santos Dumont, Lecture pour tous*. Paris: n° 7, jan. 1914, p. 591-592.

Homem voa?

CANÁRIO-DA-TERRA – *Sicalis flaveola*

O nome científico já diz tudo:
sukalis (grego) = pequeno
flavus (latim) = amarelo

– Passarinho voa?
– Sim.
– Cachorro voa?
– Não.
– Gato voa?
– Não.
– Homem voa?
– Sim!

Alberto Santos Dumont é o único que responde "sim" na brincadeira das crianças na fazenda da sua família em Ribeirão Preto, interior de São Paulo. Isso há bem mais de cem anos, quando muitas das coisas que conhecemos hoje ainda não existiam. Nem luz elétrica, nem geladeira, nem televisão, nem avião.

Mesmo que ninguém tenha visto uma pessoa voar por ali, ou por qualquer outro lugar do mundo, Alberto não aceita pagar a prenda: levar de cada amigo um tapa bem forte na mão pela resposta errada. Ele é irredutível. Quanto mais zombam dele, mais certeza ele tem de que todos estão errados e de que isso é possível.

– Homem voa! Vocês nunca leram um livro do Júlio Verne?

Alberto leu todos os livros de Júlio Verne, um escritor francês que imaginou coisas que pareciam impossíveis de existir na sua época, por isso o menino tem certeza de que é possível, sim, o homem voar e ir além daquilo que se pode ver – basta imaginar e inventar!

MAIS LEVE QUE O AR

O primeiro balão tripulado do mundo, dos irmãos Montgolfier, em 1783.

Nos livros *Cinco semanas em um balão* e *A volta ao mundo em 80 dias*, transportado por submarinos, balões e transatlânticos, ele havia ido a lugares nunca antes imaginados... Com o Capitão Nemo e seus convidados, no Náutilus, ele tinha explorado as profundezas do oceano. Com Phileas Fogg, deu a volta ao mundo em oitenta dias! Em *A Ilha de Hélice*, se encantou com o automóvel, que acabava de ser inventado na Europa. Com *Heitor Servadac*, navegou pelo espaço em um foguete...

Alguns dos livros de Júlio Verne.

O mais incrível disso tudo é que, anos mais tarde, no início do século XX, Alberto Santos Dumont seria reconhecido pelo próprio escritor Júlio Verne como um inventor que deu vida ao mundo imaginado por ele em seus romances. O avião, o dirigível e os balões de Santos Dumont maravilharam a cidade de Paris, na França, terra de Júlio Verne. Mas isso aconteceu muito depois, quando Alberto já era um homem. Quando nossa história começa, estamos no ano de 1883, na Fazenda Arindeúva, a maior e mais moderna fazenda de café do Brasil. O pai de Alberto, Henrique Dumont, é conhecido como o Rei do Café, uma bebida que o mundo inteiro aprecia e que tem no Brasil seu maior produtor.

SAÍRA-SETE-CORES – *Tangara seledon*

O mais lindo de todos, cabeça azul-turquesa com um colar amarelo em volta do pescoço.

– Pai, meus amigos pensam que o sol nasce e morre aqui dentro da fazenda, é verdade?

– Não, meu filho. Nossa fazenda é grande, sim, mas muito pequena se comparada a tudo que existe no mundo.

– Mas você um dia me disse, na varanda da nossa casa, que para onde olharmos é tudo a Fazenda Arindeúva!

– A nossa visão é muito curta, meu filho.

– Como assim, pai?

– Veja o passarinho: ele voa por cima das cercas, dos países, das fronteiras, sem pedir autorização. Sabe por quê? Porque lá de cima a terra não tem dono.

Quando não está lendo, Alberto gosta de andar livre e sozinho pelos recantos da fazenda para observar o voo das aves. Pega sua coleção de apitos e, diferentemente dos adultos, que apitam para caçar, Alberto quer atrair os passarinhos. Consegue se aproximar deles e fica horas conversando com as aves, chegando cada vez mais perto. Quando um pássaro se aproxima, Alberto observa todos os detalhes do colorido da plumagem e a forma como voa. A variedade de espécies, cores, tamanhos e cantos é tanta que ele acaba por pedir ao pai um livro para estudar os pássaros que existem na fazenda. Nele, faz anotações.

CURIÓ – *Oryzoborus angolensis* – preto na parte de cima e castanho-avermelhado na parte de baixo, mas a parte de dentro das asas é branca.

TIÊ-SANGUE – *Ramphocelus bresilius* – um vermelho tão vivo que parece sangue.

MAIS LEVE QUE O AR

PICA-PAU-DE-CABEÇA-AMARELA – *Celeus flavescens*

Corpo rajado de preto e branco, cabeça amarela como o nome diz, mas com a bochecha vermelha.

Quando encontra os amigos, Alberto brinca com as palavras e os pássaros, exibindo tudo o que aprendeu.

– Basta a gente mudar o acento de lugar para uma mulher SÁBIA virar um SABIÁ. Se retirarmos o acento, vira o pretérito imperfeito do verbo saber, SABIA?

Alberto gosta de folhear os livros da biblioteca da casa, passa horas perdido entre as páginas procurando conhecer aquilo que ainda não sabe. Um dia de que ele jamais se esqueceu foi quando encontrou um livro sobre mitologia grega, algo que ele já tinha ouvido falar, mas não sabia direito o que era. *Prometeu acorrentado, Os doze trabalhos de Hércules, O Minotauro...* grandes aventuras que Alberto leu com vívido interesse.

De todas as histórias, porém, nenhuma chamou mais atenção do que a de Ícaro e sua tentativa de sair voando da Ilha de Creta. Alberto se imaginava voando com as asas de Ícaro, mas nunca tão perto do Sol quanto ele. Seu pai, Dédalo, bem que o avisou.

– Pai, sabe como é a brincadeira do "passarinho voa?"

– Claro, meu filho, essa é do meu tempo.

– Todo mundo fica em dúvida quando perguntam se galinha voa. O que o senhor acha?

– Isso, na minha época, dava a maior confusão. Em alguns grupos voava, noutros, quem levantava o dedo levava castigo. Por isso, eu sempre combinava antes qual regra iria valer.

– E quando perguntavam se homem voa?

– Aí, não precisava nem combinar. Ninguém levantava o dedo.

– Menos eu. Tenho certeza de que o homem ainda vai conseguir voar.

SABIÁ – *Turdus rufiventris*

Sabiá, em tupi, significa "aquele que reza muito", deve ser por causa do canto dessa ave. Segundo uma lenda indígena, quando uma criança ouve, durante a madrugada, no início da primavera, o canto do sabiá, ela será abençoada com muita paz, amor e felicidade.

– Mas você não pode impor o seu desejo como uma verdade, senão as pessoas acabam zombando de você.

– Não me importo. Sempre levanto o dedo e nunca aceito o castigo.

– O castigo acompanha o desejo de voar, meu filho, ou não se lembra do mito de Ícaro?

– Aquele que ficou preso no labirinto do Minotauro?

– Ele mesmo. O pai dele, Dédalo, era engenheiro como eu, sabia?

Santos Dumont olha para o pai, fascinado.

– Mas eu não construiria asas de penas cobertas de cera para fugir com o meu filho – completa o pai.

– O problema não foram as asas, pai. Foi a teimosia do Ícaro. O pai dele avisou que não era para chegar tão perto do Sol, pois a cera que prendia as penas iria derreter.

– Pois é. Ele desobedeceu ao pai e acabou sofrendo as consequências.

– Mas pelo menos ele voou, pai. Por alguns instantes ele voou, livre como um pássaro.

BEM-TE-VI – *Pitangus sulphuratus*

Tem peito amarelo, um canto que parece dizer "bem te vi" e gosta de tomar banho no lago.

2 Estudos e muita diversão

Para Alberto, estudar e se divertir são quase a mesma coisa. Ele gosta de entender como tudo funciona e imaginar o que podemos fazer com cada objeto. Leu e releu tantas vezes os manuais de funcionamento da locomotiva a vapor Baldwin que, com apenas 10 anos, já consegue pilotar sozinho o trem

que percorre os 60 quilômetros de ferrovia entre os cafezais da família. Dominando a intensidade do fogo na caldeira, controla a pressão do vapor que movimenta os pistões do motor da locomotiva. Em grande velocidade, Alberto se distrai apenas com o urubu-jereba, cujo voo é o mais lindo que existe. Suas grandes asas permitem que, com pouco esforço, ele voe grandes distâncias a uma boa velocidade. De longe, aquele jereba acompanha a proeza de Alberto, que conduz com muita habilidade a máquina fumegante, um privilégio normalmente permitido apenas aos adultos.

Alberto desafia os limites de sua idade e de sua pequena estatura. Bem menor que os outros garotos, prova a todos que tamanho não é documento e que a melhor arma não é a força física, mas o poder das palavras e dos estudos. Ele adora conversar e convencer os outros de suas ideias.

Certa vez tentou fazer com que o gato de sua irmã fosse o primeiro felino do mundo a voar! O plano, proposto ao amigo Pedro, parecia perfeito.

– Primeiro vamos fazer uma pipa bem grande. Já pedi bambu, corda e sacos de café ao Manoel.

– Sacos de café?

– É, eles é que vão cobrir a estrutura e fazer a pipa resistir ao vento. O ar que bate na pipa faz ela voar. Vai dar certo, eu vi isso num livro.

– Tá bom.

– Depois vamos amarrar uma cestinha e colocar o Bourbon dentro.

– O gato da sua irmã Sofia?

– Ele vai ser o primeiro gato voador de todo o universo!

– A Sofia não vai deixar...

– Esse vai ser o nosso maior desafio: pegá-lo sem ela perceber.

A pipa, amarrada à cestinha, ficou perfeita. Subiu aos céus com facilidade.

– A primeira parte do plano deu certo. Pelos meus cálculos, com esse tamanho e peso, num dia de vento forte, a pipa ainda pode carregar uns 5 quilos, o que é mais que suficiente para um gato.

Passados alguns dias, o tempo virou, trazendo bons ventos para a primeira tentativa. Atraído por um peixe que Alberto e Pedro haviam pescado no ribeirão Preto, Bourbon foi capturado com muito cuidado e acabou acomodado dentro da cestinha. Tudo estava indo conforme planejado, mas, na hora H, o gato foi salvo de subir aos céus pelo grito estridente da irmã Sofia.

– Albertooooooo!

A história acabou com Alberto de castigo por uma semana. A imaginação do pequeno inventor foi assunto à mesa de jantar com o pai, Henrique, a mãe, Francisca, e os sete irmãos: Henrique, Maria Rosalina, Virgínia, Luís, Gabriela, Sofia e Francisca.

– Até quando o Alberto vai viver no mundo da fantasia? Já passou da hora de se comportar como um rapaz. Ser responsável, tomar conta dos empregados... – argumenta Henrique, o irmão mais velho.

– Pois eu acho que ele é mais maduro do que muito homenzinho aí – interrompe Virgínia, a irmã e melhor amiga.

– Mas não tem coragem de matar passarinho – diz Sofia.

– Quem tem medo de matar bicho fica com fome. E ainda pode ser devorado pela onça – completa Luís, fazendo uma careta para Sofia.

– Para, Luís...

Francisca, a mãe, interrompe a conversa:

– Chega! Vocês estão na mesa ou na selva?

CURIÓ – *Oryzoborus angolensis*

Preto na parte de cima e castanho-avermelhado na parte de baixo, mas a parte de dentro das asas é branco

No quarto, de castigo, Alberto aproveita para continuar a ler as aventuras de Dick Kennedy e Joe Wilson no livro *Cinco semanas em um balão*, de Júlio Verne. Quando Manoel de Deus, empregado da fazenda, vem trazer o jantar, Alberto aproveita para ir mais além em seus pensamentos.

– Pode deixar aí, Manoel. Eu como depois. Vem aqui ver esta história.

Manoel deixa a bandeja na escrivaninha e chega perto para ver o livro.

– De dia era pipa, agora é balão. O que mais o senhor vai inventar?

– Primeiro, tenho que montar uma equipe igual à do Doutor Fergusson.

– Fergu... quem?

– Fergusson, o aventureiro britânico que atravessou a África num balão. Em cinco semanas, de leste a oeste.

– Tem que se alimentar bem para isso. Quem come livro é traça.

– Traça é um inseto devorador. Já estudei. Grandes felinos! Plantas carnívoras! Eles encontraram tudo isso pelo caminho.

– Eles quem?

Alberto entrega o livro a Manoel.

– Dr. Fergusson, seu criado Joe Wilson e o caçador Dick Kennedy. Quando meu balão ficar pronto, meu Joe Wilson vai ser você, Manoel.

– Acho mais seguro ficar com os pés na terra – argumenta Manoel. – Ainda mais depois da confusão que arrumou!

– Ia dar tudo certo, todos os cálculos foram feitos e refeitos. Não ia acontecer nada com o Bourbon. Mas tudo bem...

3 O céu não é o limite

Nas compridas e ensolaradas tardes de verão, levado pelo zumbido dos insetos e pelo pio distante de algum pássaro, Alberto passa horas na sombra da varanda de sua casa contemplando o belo céu do interior do Brasil. Com a ajuda de Pedro, constrói pequenos aeroplanos de bambu movidos com uma hélice acionada por molas de borracha retorcida. Vai, aos poucos, formando uma personalidade ao mesmo tempo livre e organizada, responsável e aventureira.

Nas noites de lua cheia, Alberto viaja com sua luneta pelo espaço sideral. Ele reconhece no céu as constelações Cruzeiro do Sul, Andrômeda e Ursa Maior, mas depois se fixa na Lua, procurando o astronauta Michel Ardan, do romance *Da Terra à Lua*. Nessa época, Alberto nem sonhava que um dia iria batizar com seu nome uma das crateras da Lua: a "Santos Dumont" fica na grande cordilheira conhecida como *Montes Apenninus*, na margem leste do *Mare Imbrium*. Olhando aquele céu coberto de estrelas, sente-se apaixonado pelo espaço, imaginando a exploração do grande oceano celeste.

Todos os anos, no dia 24 de junho, acontece uma grande festa de São João na fazenda. Sua mãe, Francisca, muito religiosa, explicou que fazem aquela fogueira porque esse foi o jeito que Isabel usou para avisar Maria, mãe de Jesus, do nascimento de São João Batista. Doces de coco, de leite, de mamão, queijadinha, batata-doce assada, milho verde, mais as brincadeiras de pular fogueira, subir no pau de sebo e dançar quadrilha fazem a alegria da criançada. Mas o que Alberto gosta mesmo é de construir balões de papel de seda para soltar com os amigos e assistir, em êxtase, à sua ascensão aos céus.

– E se a gente construísse um balão muito grande, tão grande que desse para levar com ele uma pessoa?

Diante do silêncio de Pedro, Alberto continua.

– A gente poderia navegar pelos céus, entre as nuvens, que nem os pássaros.

– Então não é melhor imitar um pássaro?

– Você já tentou imitar um pássaro, Pedro?

– Não...

– É impossível sair do chão só mexendo os braços – diz Alberto. – Pedro, nós temos que construir algo para vencer nossa natureza, que é ficar presos ao chão.

Alberto já tinha lido os relatos das primeiras experiências com um balão de ar quente feitas pelo padre Bartolomeu Lourenço de Gusmão, em Lisboa, no ano de 1708. Na frente do rei D. João V, o padre subiu a uma altura de 40 metros, indo chocar-se contra uma das cortinas do palácio real. Mas foi nos livros de Camille Flammarion e Wilfrid de Fonvielle que Alberto conheceu o que se chamava naquele tempo de "navegação aérea" (afinal, *aviação* foi um termo criado depois que Alberto Santos Dumont inventou o avião!).

CORUJA-BURAQUEIRA
– Athene cunicularia

De olhos grandes e vivos, gosta de comer insetos e, como o nome diz, faz seu ninho num buraco no chão.

Alberto descobriu que fora na França, país de origem de sua família, que o balão a hidrogênio havia sido inventado, que os primeiros voos haviam acontecido e que as maiores aeronaves haviam sido construídas. Sonhava em fazer o caminho inverso do avô, François Dumont, que se mudara da França para o Brasil à procura de pedras preciosas, como diamantes, berilos, topázios, turmalinas...

A paixão pela mecânica

François Dumont teve três filhos no Brasil, sendo Henrique Dumont o segundo, pai de Alberto. Anos mais tarde, já casado com Francisca de Paula Santos, Henrique foi encarregado de construir um trecho da Estrada de Ferro Central do Brasil perto de Barbacena, na Serra da Mantiqueira. Foi ali, na localidade de Cabangu, em Minas Gerais, que nasceu Alberto Santos Dumont, em 1873, no mesmo dia em que o pai completava 41 anos. Quando Henrique decidiu investir tudo o que ganhara na expansão do cultivo de café em terras no oeste de São Paulo, usou seus conhecimentos de engenharia para aumentar a produção de sua fazenda com uma série de inovações tecnológicas.

Henrique Dumont ficou conhecido como o Rei do Café no Brasil e a Fazenda Arindeúva se tornou a plantação de café mais moderna da América do Sul, com cinco milhões de pés, e chegou a ter 96 quilômetros de ferrovias dentro da propriedade, contando com sete locomotivas. Na tulha, onde se processa todo o beneficiamento de grãos de café, o pai mostrou, orgulhoso, a máquina recém-adquirida dos ingleses.

– Nenhum contato manual ao longo de todo o processo, da separação dos grãos ao ensacamento, passando pela torrefação – diz o pai.

– Adoro esse barulho, parece música – responde Alberto, maravilhado com aquela máquina que ocupa os três andares da tulha.

Depois de ler o manual e estudar cada engrenagem, Alberto sabe de cor como funciona o beneficiamento de café. O pai se surpreende.

– Tudo começa... – diz Henrique. – Bem, você sabe que o café, quando maduro, é um frutinho vermelho com duas sementes dentro.

– Eu sei, pai.

– Então, primeiro tem que lavar bem lavado em grandes tanques para tirar toda a terra e pedaços de galhos e folhas. E aí a água leva os frutos até o despolpador. Sabe o que é?

– Pai, esqueceu que eu li todo o manual dessa máquina? O despolpador, como o nome já diz, tira a polpa e assim libera as sementes, que são colocadas para secar no terreiro.

– Aqui tem um ventilador...

Alberto não se contém e interrompe o pai:

– Que retira do café poeiras e resíduos. Depois, um descascador remói as cascas e aí então um segundo ventilador separa os grãos partidos dos inteiros. Tudo isso cai num cilindro horizontal, que separa os diferentes tipos de grãos. Daí uma correia leva os grãos de uma máquina a outra, por meio de elevadores de caçambas. E dali para o separador, onde são entregues ao ensacamento e ao comércio. Acertei?

Alberto é apaixonado pela engenhosidade daquela máquina. São tantas roldanas e engrenagens funcionando ao mesmo tempo que parece impossível dar certo. Mas dá.

Quando a roda d'água começa a girar as correias que movimentam a máquina, parece um milagre.

Alberto fica maravilhado e presta atenção em cada detalhe. De tanto estudar o funcionamento daquela enorme engenhoca, muitas vezes é ele quem a conserta.

– Está percebendo esse rangido? – aponta Alberto, sempre atento ao funcionamento das engrenagens.

– Qual?

Alberto observa bem todas as roldanas, peneiras e correias.

– Vem daquele mecanismo ali, pai.

– Um bom ouvido é capaz de identificar quando uma nota está fora do tom – responde o pai, orgulhoso.

Máquinas paradas, Alberto se dedica a resolver o problema na polia de uma das engrenagens. Ao consertá-la, chama a atenção do pai, por sua inteligência e destreza com as mãos. As máquinas voltam a funcionar e aquele barulho incômodo não existe mais.

– Sempre estranhei que essas peneiras fizessem o movimento de trepidação horizontal, o desgaste é muito maior. Temos que pensar em peneiras de movimentos circulares: são mais eficazes e se desgastam menos.

– Tem razão, filho. Não devemos insistir em movimentos ultrapassados.

– O senhor é um dos poucos que me entendem. Por que as novidades causam tanta resistência?

Seres alados

Se com o pai Alberto aprende a tomar gosto pelo estudo da física e da matemática, sonhando tornar-se um grande inventor, digno dos livros de Júlio Verne, é com a mãe que ele aprende a importância da fé e da relação com o sagrado, com aquilo que não conseguimos ver.

Na beira da cama, todas as noites, Francisca, católica, descendente de portugueses, o ensina a rezar o pai-nosso e a ave-maria.

– Foi numa noite que o anjo Gabriel apareceu para Nossa Senhora e disse: "Ave Maria, cheia de graça, o Senhor é convosco".

– Ela ficou com medo, mãe?

– Ela não entendeu o que significava aquela saudação. E o anjo disse: "Não temas, Maria, pois encontraste a graça diante de Deus".

– Eu iria adorar encontrar um anjo...

– Depois Maria foi visitar sua prima Isabel, que estava com São João Batista no colo. Quando ela chegou, Isabel disse em voz alta: "Bendita sois vós entre as mulheres, bendito é o fruto do vosso ventre, Jesus".

– Que história linda, mãe.

– O anjo apareceu também para José, pai de Jesus.

– Sério? Será que um dia ele vai aparecer para mim?

– Quem sabe, meu filho – diz a mãe, com um leve sorriso no rosto.
– E o pai-nosso?
– O pai-nosso foi ensinado pelo próprio Jesus Cristo, no Sermão da Montanha. Mas isso eu conto amanhã.
– Boa-noite, mãe – diz Alberto, fechando os olhos.
– Durma com Deus, meu filho. E sonhe com os anjos – diz ela, enquanto lhe ajeita a coberta sobre o corpo.

A noite é escura e nada silenciosa naquele recanto do Brasil. Entre o tritrilar dos grilos e o coaxar dos sapos, ouve-se ao longe o esturro da onça, provavelmente caçando uma capivara. Mas dentro de casa nada atrapalha o sono de Alberto, que adormece imaginando seres alados flutuando nos céus, que embalam seus sonhos.

Amanhece na fazenda. No interior da casa da família, Francisca mantém uma capela onde uma imagem de Jesus Cristo e outra de Nossa Senhora da Conceição dividem o imaginário do menino com aquela dos anjos Gabriel, Rafael e Miguel. O momento de decorar o altar com flores colhidas nos jardins da fazenda é quando Alberto e sua mãe conversam sobre esses misteriosos seres alados.

– Mãe, anjo é uma pessoa?
– Meu filho, anjo é um ser de luz, que vive entre o céu e a terra para nos aproximar de Deus.
– Você acredita neles?
– Claro.
– Mas é uma pessoa ou não é?
– É um tipo de pessoa divina. Homens são pecadores, anjos são puros.
– Eu queria voar como eles... Se eu rezar muito, será que um dia eu consigo ficar assim?
– Assim como?! Você já é um menino bom.

Liberdade

Naquela época, o Brasil ainda vivia sob o terrível regime de escravidão. Henrique Dumont era um dos poucos fazendeiros que não trabalhavam com mão de obra escrava, preferindo usar trabalhadores livres e assalariados, muitos deles imigrantes europeus que buscavam, como seu pai fizera, uma oportunidade no Brasil. Alberto presenciou um diálogo que o marcou para sempre, entre seu pai e um comerciante. O que ouviu, aliás, o deixou muito orgulhoso de sua família.

– Henrique Dumont, quanta honra ter aqui novamente, diante dos meus olhos, o Rei do Café! Sou Simão Sabroza, antigo fornecedor de carvão em Cabangu, ao seu dispor.

– Claro, claro, a que devo a honra?

– Depois que o senhor saiu de Cabangu, não consegui acompanhar a evolução do mercado. Ficou caro para atualizar o maquinário...

– E então?

– Estou fechando a porteira, mas quero fazer uma oferta especial para uma pessoa ainda mais especial.

Intrigado, o menino Alberto presta atenção à conversa.

– Teve uma boa colheita? – pergunta Henrique. – Aqui tivemos problemas por causa das geadas.

– Falo de mão de obra escrava: todos devidamente obedientes e amansados.

Contrariado, Henrique saca um documento com a Lei do Ventre Livre e a Lei dos Sexagenários.

– Sr. Sabroza, em nossa fazenda a escravidão já acabou faz tempo. No oeste de São Paulo trabalhamos com imigrantes. Ou o senhor não conhece as Leis do Ventre Livre e dos Sexagenários?

– O senhor me perdoe, mas as leis no Brasil são como as mudas de café: só pegam em determinadas regiões.

Henrique perde a paciência e põe o visitante para fora.

– Eu prefiro construir um outro Brasil. A escravidão e a minha paciência já chegaram ao fim. Passe bem.

Alberto corre para dentro da sala e abraça o pai, carregando dentro de si o mais importante valor que recebeu dos pais e que o inspirou por toda a vida: a liberdade.

Em 1890, a Fazenda Arindeúva já é uma pequena cidade, com cerca de 5 mil colonos. Alberto tem amigos de todas as cores e sotaques, os filhos de imigrantes italianos, alemães e austríacos juntam-se aos brasileiros descendentes de índios, negros e portugueses. No ano de 1891, a família decide fazer uma viagem à Europa para que Henrique, acidentado devido a uma queda de cavalo, cuide de sua saúde.

– Você é mais parecido com seu avô do que comigo – diz Henrique.

– Mas todo o meu interesse pela mecânica vem do senhor.

– Eu sou apenas um empreendedor tenaz, mas não tenho a inquietação de vocês. Imagine que seu avô largou tudo na França e veio para o Brasil em busca de um diamante!

– E eu estou disposto a pegar o caminho contrário.

– Está claro, meu filho, que você não tem vocação para os negócios da fazenda. Quero que amadureça, que vire homem em Paris.

Alberto se emociona com as palavras do pai, seu espelho em tudo na vida.

– E não precisa se preocupar – continua Henrique. – Já juntei dinheiro necessário para viver. Estude física, química, eletricidade. E não esqueça: o futuro do mundo está na mecânica.

Alberto, já com 17 anos, fica muito feliz com a perspectiva de ir pela primeira vez à Europa, terra dos seus antepassados. No navio que atravessa o Oceano Atlântico, Alberto fica maravilhado ao ver um cardume de peixes voadores saltando para fora da água e permanecendo longos segundos no ar. Alberto acredita que vai encontrar na França, país que é símbolo da própria grandeza e do progresso, coisas que nunca viu: balões dirigíveis, automóveis, submarinos... É com essa animação que Alberto Santos Dumont desembarca em Paris com a família, mas, para sua grande surpresa e decepção, descobre que não existem dirigíveis nos céus da grande metrópole, apenas balões esféricos que voam sem direção, levados ao sabor do vento...

Santos = Dumont

Em Paris, Alberto deixa o bigode crescer, fica conhecido como o Sr. Santos Dumont e usa tudo o que aprendeu durante a infância no Brasil para vencer o maior desafio que sempre existiu para os seres humanos: voar! Inspira-se na liberdade e na beleza dos pássaros brasileiros para, com toda a imaginação dos livros de Júlio Verne e os conhecimentos de mecânica, engrenagens e motores do maquinário da fazenda, inventar soluções nunca antes pensadas. Inspirado no pai, desenvolve uma relação de respeito e amizade por aqueles que trabalham com ele. Da mãe, tem a fé e o anjo da guarda que o acompanha pela vida inteira.

Santos Dumont faz história na Cidade Luz, então capital cultural e tecnológica do mundo moderno. Ele não acredita na palavra "impossível" e desafia os grandes mestres do balonismo. Sua primeira grande invenção foi a construção do menor balão do mundo: o balão Brasil, feito de seda japonesa e cordas de piano, materiais mais leves, até então nunca usados no balonismo. Certa vez, num voo noturno, o balão Brasil, levado pelos ventos, se aproximou de uma grande tempestade. Raios e trovões iluminavam as nuvens escuras que pareciam engolir Santos

Dumont em seu pequeno balão. Mesmo com medo, ele ficou fascinado pelo espetáculo de luzes e sons da natureza. Por sorte, a chuva que caiu encharcou a seda do invólucro, e o peso da água ajudou o balão Brasil a descer e ele chegou inteiro em terra firme.

Ciente dos perigos da noite anterior, Santos Dumont decide que não quer mais ser levado pelo vento para lugares onde não possa controlar seu destino. Ele quer dirigir o balão e decidir o rumo do seu voo.

Para isso ele precisa de um motor potente ligado a uma hélice que vença a força do vento nas alturas. O problema é que os motores a vapor são fortes, mas muito pesados, e assim o balão não sairia do chão. Os motores elétricos, por sua vez, têm que carregar pesadas baterias. Sobram os motores a explosão (petróleo), recém-inventados, mas que, para o mestre do balonismo Henri Lachambre, são perigosíssimos, pois soltam faíscas e, sob um balão cheio de hidrogênio, um gás altamente inflamável, podem fazer tudo explodir pelos ares.

Mas, como Santos Dumont conhece muito bem o funcionamento dos motores, ele vai para sua oficina e, mexendo no pequeno motor a explosão de seu triciclo, encontra a solução!

Junta dois motores, tirando as peças excedentes, para mover apenas uma hélice. Com o escapamento virado para baixo, joga a fumaça e as faíscas para bem longe do balão, evitando qualquer possibilidade de contato entre o fogo e o hidrogênio. Consegue leveza e potência para fazer sua primeira experiência no campo de balonismo de Saint-Cloud. Lachambre se assusta.

–Você está maluco? Nunca vai conseguir navegar contra a força da natureza!

— Mas é justamente a resistência do ar que vai me fazer subir! — responde Santos Dumont.

Ele acelera o motor, sobe aos ares e percebe que está conseguindo conduzir seu balão em todas as direções.

Sorridente, vai em direção à Torre Eiffel.

A população de Paris primeiro fica assustada e depois maravilhada com o que vê. Santos Dumont dá uma volta na torre sem dificuldades e volta para o mesmo lugar de onde saiu. Lachambre e os parisienses comemoram jogando seus chapéus para o alto. O aviador brasileiro resolve batizar o seu balão de "dirigível". Essa foi sua segunda grande invenção, que o deixa famoso no mundo inteiro.

Primeiro homem também a usar um relógio de pulso, feito especialmente para ele por seu amigo Louis Cartier, Santos Dumont lança moda na capital da moda. Em Paris, todos querem copiar seu jeito de se vestir. Por ter pouco mais de um metro e meio de altura, gosta de usar sapatos com salto, camisas de colarinho alto e ternos com listras verticais, para parecer mais alto do que é. Todo mundo copia. Na época da cartola e do chapéu-coco, o uso do chapéu-panamá ficou imortalizado nas fotos mais conhecidas do gênio brasileiro e virou uma febre na França. Seu dirigível número 6, com o qual ganhou o Prêmio Deutsch, é reproduzido em bolos, doces e brinquedos, espalhados pelas vitrines da cidade.

Mas Santos Dumont não quer ser famoso: ele quer voar. E ele sabe que a aviação não é apenas uma questão de subir e descer com um balão "mais leve que o ar", mas de vencer a gravidade com uma máquina "mais pesada que o ar", controlar todas as direções do voo e pousar em segurança na terra.

No campo de aviação de Saint-Cloud, Alberto volta aos tempos de infância na fazenda, quando soltava pipa e construía pequenas aeronaves com hélices movidas por uma borracha retorcida.

Ele faz as primeiras experiências com a "pipa caixa", inventada pelo cientista australiano Lawrence Hargrave. Leve e resistente, ela parece indicar a solução perfeita para a estrutura do avião que tem em mente. Muitos estranham o desenho do 14-Bis, feito a partir da junção de várias "pipas caixa" e com o leme na parte dianteira da aeronave. Todos acham que a aeronave "parece estar andando para trás!". É que Santos Dumont sabe que aquela estrutura, conhecida como *canard* ou "pato", é mais estável no ar e menos suscetível a se romper em quedas.

É no dia 13 de setembro de 1906 que o 14-Bis sai pela primeira vez do chão por breves segundos, um feito inédito que ficou conhecido como o "voo de galinha", pois não foi suficiente para provar a todos que aquela máquina poderia de fato voar. No dia 23 de outubro de 1906, o 14-Bis voa por 250 metros e é reconhecido como o primeiro avião a voar. Santos Dumont se torna o primeiro ser humano a subir aos céus em um voo controlado.

No entanto, no ano seguinte, uma polêmica toma conta da comunidade aeronáutica internacional: dois americanos, os irmãos Wilbur e Orville Wright, afirmam ter voado três anos antes do brasileiro. Mas por que não falaram isso na época? Por que esconderam o feito? Por que não estavam na Exposição Universal, ocorrida nos Estados Unidos em 1904? Eles disseram que estavam esperando fechar um contrato para vender sua invenção ao exército norte-americano, o que só ocorreria em 1907... A melhor resposta a essa polêmica foi dada pelo próprio Santos Dumont:

– O que diriam Thomas Edison, Graham Bell ou Marconi se, depois de apresentar em público a lâmpada elétrica, o telefone e o telégrafo sem fio, respectivamente, outro inventor se apresentasse com uma melhor lâmpada elétrica, telefone ou aparelho de telegrafia sem fio, dizendo que os tinha construído antes deles?! A quem a humanidade deve a navegação aérea pelo aparelho mais pesado que o ar? Às experiências dos irmãos Wright, feitas às escondidas, ou aos Farman, Bleriot e a mim, que fizemos todas as demonstrações diante de comissões científicas e em plena luz do sol?

Santos Dumont não se deu por vencido. Inventor compulsivo, construiu em seguida o primeiro monoplano do mundo, ou seja, o primeiro avião como conhecemos hoje: com duas asas de um plano só e o leme na parte de trás. Era o "Demoiselle" ou "Libellule", sua obra-prima, cujo projeto foi disponibilizado gratuitamente pelo gênio brasileiro a quem quisesse copiar e construir seu próprio avião. Com o Demoiselle, Santos Dumont chegou à perfeição, quebrando recordes de velocidade e de distância percorrida para decolagem, numa época em que poucos eram os privilegiados, além dos pássaros, a ver a terra lá do alto.

Das cartas que recebeu na vida pelos seus inúmeros feitos, Santos Dumont se emocionou especialmente quando chegou em suas mãos uma escrita pelo amigo de infância Pedro: "Você se lembra, meu caro Alberto, do tempo em que brincávamos juntos de 'passarinho voa?' A recordação dessa época veio-me ao espírito no dia em que chegou ao Brasil a notícia do seu triunfo. O homem voa, meu caro! Você tinha razão em levantar o dedo. E não tinha mesmo que pagar a prenda. O velho jogo está em moda em nossa casa mais que nunca. Nós trocamos o nome e modificamos a regra: nós o chamamos agora de o jogo do 'homem voa?', e aquele que não levanta o dedo à chamada paga a prenda!".

Você lembra,
meu caro Alberto,
do tempo em que brincávamos
juntos de "passarinho voa?"
A recordação dessa
época...

Desenho assinado por Santos Dumont, no qual ele cita suas principais invenções.